Andreas Nachama

Jiddisch im Berliner Jargon

Herzlicher Dank gilt Lilli Johannson und Robert Nachama für redaktionelle Mitarbeit.

Editorische Notiz:
Hebräische und Jiddische Worte sind nach dem Transkriptionsprinzip des Jüdischen Lexikons geschrieben.

Andreas Nachama

Jiddisch im Berliner Jargon

Jaron Verlag

1. Auflage dieser Ausgabe 2005

Umschlaggestaltung: LVD GmbH, Berlin
Satz und Repro: Pinkuin Satz und Datentechnik, Berlin
Druck und Bindung: Clausen & Bosse, Leck
ISBN 3-89773-523-7

Das Werk erschien erstmals 1994 im
Stapp Verlag Wolfgang Stapp, Berlin.

Inhalt

Einleitung

An einem schönen Frühsommertag des Jahres 1993 war ich in ein Studio des RIAS-Berlin eingeladen. Wie bei Studiogesprächen üblich, kam ich nicht nur einige Minuten früher als bestellt, sondern es blieb auch Zeit für ein kleines Vorgespräch. Natürlich versicherte mir meine Gesprächspartnerin, die anlässlich des 45. Dienstjubiläums meines Vaters eine lange, ausführliche Gesprächssendung mit Estrongo gemacht hatte, wie eindrucksvoll sie seine Stimme fände, und fragte mich, ob ich denn auch sänge. Nein, mein Vater und ich haben schon vor Jahrzehnten einen Pakt geschlossen, er, der Oberkantor, schreibt keine Aufsätze, und ich, der Historiker, singe nicht. Aber meine Kinder sind nicht nur musikalisch, sondern singen auch gerne …

Warum ich von dieser Begebenheit erzähle? Das Gespräch nahm plötzlich eine Wendung, die mit dem, was hier erörtert werden soll, in einem unmittelbaren Zusammenhang steht. Die Moderatorin zeigte sich nämlich äußerst verwundert darüber, dass ich die deutsche Sprache so gut beherrschte, und erkundigte sich, ob wir denn zu Hause vorwiegend Hebräisch sprächen.

An dieser Stelle zeigte sich, dass die Journalistin nichts verstanden hatte. Ihr, die eine einstündige Interviewsendung anlässlich des 75. Geburtstages meines Vaters gemacht hatte, war entgangen, dass mein Vater, der aus Saloniki stammt, Griechisch als Heimatsprache und Ladino, einen judeo-spanischen Dialekt, als Muttersprache in seine Wahlheimat gebracht hatte, wo er eine deutsche Jüdin heiratete, die eine echte Berlinerin ist. Dass die Berliner Juden seit den Tagen Moses Mendelssohns hochdeutsch sprechen, sollte eine Rundfunkmoderatorin eigentlich wissen. Aber hinter der Unterstellung, Juden sprächen als Muttersprache Hebräisch, steckt eine besondere Vorstellung. Nämlich Juden seien im Ausland lebende Israelis, befreundete Ausländer also. Und so war ich denn auf einmal ausgebürgert, obwohl Juden seit dem dritten Jahrhundert in Deutschland leben. Deren »Judendeutsch« war weitgehend identisch mit dem Hochdeutschen. Was man heute als Jiddisch bezeichnet, ist die Sprache der Juden Osteuropas. Seit dem von Moses Mendelssohn initiierten Aufbruch aus dem Ghetto sprechen die in Deutschland lebenden Juden deutsch – und zwar nicht nur im Geschäftsverkehr, sondern auch zu Hause …

Besagte Moderatorin war bass erstaunt, dass es sich nicht so verhielt, wie sie gedacht hatte, und bemerkte etwas spitz, dass es doch traurig sei, wenn alte Herkommen vernachlässigt würden. Davon, dass hier nichts vernachlässigt wird, dass Hebräisch sowieso nicht die Umgangssprache der Juden in ihren verschiedenen Lebenswelten war, wird im ersten der drei Versuche die Rede sein. Der zweite Versuch behandelt aus Bibelübersetzungen in die deutsche Umgangssprache eingegangene Hebraismen, während im dritten dann schließlich das skizziert wird, was man als das Jiddische im Berliner Jargon bezeichnen könnte.

Es ist nicht schwer, Jüdisches und jüdische Menschen auszugrenzen, denn überall auf der Welt überlebten und überleben jüdische Lebenswelten nur im Spannungsfeld zwischen Integration und Separation. Aber sie existieren nicht nur für sich; denn zu diesem Spannungsfeld gehört auch die Umgebungsgesellschaft und die jeweilige Kultur. Wenn also vom Beitrag des Hebräischen oder Jiddischen am Deutschen oder am Berliner Jargon die Rede ist, geht es nicht um etwas Fremdes, Eingesetztes, sondern um Teilhabe, einen aktiven Anteil an der Sprachentwicklung.

Das hier beschriebene Idiom, das Jiddische im Berliner Jargon, ist allen Berlinern geläufig; die Beschreibungen in diesem Buch versuchen aus Kenntnissen des Hebräischen sprachliche Querverbindungen herzustellen: Nicht alles ist bierernst gemeint, aber vom Autor nach bestem Wissen und Gewissen zusammengestellt, in der Absicht, die sprachlichen Verbindungen im Alltagsleben zu erläutern. Und Hand aufs Herz: Wenn ich Sie, verehrte Leserin oder verehrter Leser, das nächste Mal treffe, dann frage ich Sie nicht, ob Sie zu Hause Jiddisch mit Ihren Kindern sprechen, sondern ob Sie letztlich mal mit Ihrer Mischpoche gedibbert haben, um womöglich etwas auszubaldowern …

Diese Versuche gehen einigen ganz alltäglichen Worten nach, deren Ursprung jedoch die wenigsten kennen. Auf die Idee, diese sprachgeschichtliche Skizze zu unternehmen, kamen Autor und Verleger durch das Beispiel des Büchleins »Französisch im Berliner Jargon«.[1] Jüdische Spuren in unserer Sprache sind auf verschiedenen Sprachebenen zu finden, klassisch sind die Hebraismen, im Gegensatz dazu steht das Rotwelsch aus der Gangster- und Ganovenwelt. Legt man strenge wissenschaftliche Kriterien an, mag das eine oder andere hier in seiner Entstehungsgeschichte hergeleitete Wort möglicherweise falsch platziert sein, denn die Hebraismen z. B. sind nicht Teil des Berliner Jargons, sondern der deutschen Sprache. Es schien aber wichtig, wenigstens einen Einblick in die verschiedenen Schichten des sprachlichen Einflusses zu geben, den die jüdischen Lebenswelten Mittel- und Osteuropas auf unsere Kultur gehabt haben; auch ist der Berliner Jargon ungleich dem Dialekt eines oberbayerischen Gebirgstals nicht irgendeine sprachliche Manifestation des Deutschen, sondern die Sprache der einstigen preußischen Haupt- und Residenzstadt, der vormaligen Hauptstadt des Deutschen Reiches und der jetzigen Bundeshauptstadt. Hier wird versucht, in der Umgangssprache vorhandene Spuren dieses Spracheinflusses aufzuzeigen, freilich ohne jeden Anspruch auf Vollständigkeit.

Gibt es das wirklich? Jiddisch im Berliner Jargon? Müsste es nicht vielmehr heißen »Hebraismen«, »Rotwelsch«, »jüdisch-deutsche« oder »westjiddische« bzw. »ostjiddische« Worte? Die Meinungen hierüber gehen auseinander. Der Begriff »Jiddisch« geht auf die englische Form »Yiddish«[2] zurück, die erst im letzten Jahrhundert aufgekommen ist. Zunächst setzte sich die Bezeichnung Jiddisch nur als Bezeichnung der Sprache der osteuropäischen Juden durch, wurde jedoch dann auch in der Wissenschaft rückwirkend auf alle sprachlichen Erscheinungen der Juden ausgedehnt, die in Mittel- und Osteuropa ihren Ursprung haben.[3]

Mit wem haben wir es eigentlich zu tun, wenn von jiddischsprachigen oder Jiddisch sprechenden Personen die Rede ist? Im Sinn des Buches werden nur die Worte untersucht und dargestellt, die von Personen, die nicht Jiddisch sprechen, also von Berlinern im Allgemeinen, benutzt werden. Dieser Spracheinfluss geht aber im engeren Sinn von Menschen aus, die Jiddisch sprechen und als Juden, Israeliten, Israelis, deutsche Staatsbürger jüdischen oder mosaischen Glaubens bezeichnet werden. Es gibt viele Bezeichnungen für diese Personengruppen; Juden sind sie alle, Israeliten waren ihre biblischen Ahnen, aber wer vermag schon seine Familiengeschichte über 2000 Jahre zurückzuverfolgen? Israelis sind nur die Juden, die ihren Wohnsitz im Staat Israel genommen haben, also z. B. nicht mehr deutsche Staatsbürger jüdischen Glaubens sind. Die Bezeichnung einer Person jüdischer Herkunft als mosaisch ist eine Christologie. Hier wird Moses als Religionsschöpfer Jesus Christus gleichgesetzt – eine im Judentum religionsgeschichtlich nicht gedeckte Auffassung.[4] Die verschiedenen jiddischsprachigen Personengruppen sind in sich nach Herkunft und sozialem Status differenziert.

Eine grundsätzliche Unterscheidung ist die zwischen Aschkenasim und Sephardim. Als Aschkenasim werden die Juden Mittel- und Westeuropas sowie die von ihnen abstammenden Juden in Amerika und Israel bezeichnet. Aschkenas heißt auf Hebräisch Deutschland. Sie werden unterschieden von sephardischen Juden: Sepharad heißt auf Hebräisch Spanien. Gemeinsam ist Sepharden und Aschkenasim ihre Herkunftsbestimmung innerhalb der jüdischen Lebenswelten nach Ländern, aus denen sie im Mittelalter verbannt (Spanien) oder zu einem großen Teil vertrieben wurden (Deutschland). Eine dritte Gruppe sind die orientalischen Juden, die bis in dieses Jahrhundert hinein ihre Heimat im Jemen, in Äthiopien, Persien oder Indien hatten.

Jiddischsprachig waren zunächst und vor allem die Juden Osteuropas. So wie die Juden anderer jüdischer Lebenswelten hatten sie ihre eigene Sprache, die aus der Sprache der Umgebungskultur, von ihnen in hebräischen Schriftzeichen notiert, und einigen oft zufälligen Sprachelementen bestand. Die deutsch-jüdische Sprache, die heute rückblickend auch als Jiddisch bezeichnet wird, unterschied sich wesentlich vom Ostjiddisch polnischer oder russischer Provenienz. Ob es sich hierbei überhaupt um ein Idiom handelte, kann durchaus bezweifelt werden.

Was aber ist ein Idiom? Gibt es denn überhaupt einen eigenen Berliner Dialekt? »Berlin hat im Laufe seiner mehr als siebenhundertjährigen Geschichte eine durchaus eigenständige Mundart entwickelt. Sie ist keine reguläre, charakteristische Abwandlung des Hochdeutschen, sondern hat in ihrem niederdeutschen Kern, dem märkischen Platt, ein gut Teil fremdländischer Wörter und Redewendungen in sich aufgenommen, so z. B. aus dem Polnischen Großkotz, Kabache, Pachulke, Pennunze, Pomade, dalli, [...] aus dem Lateinischen Animus, Lokus, Moneten, Palaver, Pelle, Pulle, Tempo, famos, fatal, intus, kapieren, kolossal, simulieren usw.«[5]

Sprachgeschichtliche Anmerkungen

Als der Große Kurfürst Friedrich Wilhelm in einem am 21. Mai 1671 in Potsdam ausgestellten Edikt 50 jüdischen Familien den Zuzug nach Berlin und in andere Städte der Mark Brandenburg erlaubte, gab es für die deutsche Sprache noch kein verbindliche Rechtschreibregeln aufstellendes normatives Wörterbuch, denn Konrad Duden lebte erst 200 Jahre später. Entsprechend merkwürdig für unser heutiges Sprachverständnis sahen selbst amtliche Texte aus:

In diese vndt anderen Eweren vestungen, vndt Ortter, leget solche commandanten hinnein, die einig vndt allein von Euch dependieren vndt lasset Euch auch keine darzu recommendiren, oder furschlagen, erwellet dazu solche die im kriege woll erfahren, vndt Damitt Ihr auff allen fall keinen mangell ahn wollerfahrenen hohen kriegs officiren habt, So ist es nottig das Ihr bei fridenszeitten, Dieselbige, So viell in belegerungen Attacquen« vndt Battallien gewessen, vndt gutte renommee erworben, an Euch zeihett, vndt ihnen einiges Accommodement geben, den da werdet ihr woll bey fahren. Auch kan man alßdan in kriegszeitten solche zu vornehmen Scharschen nutzlich gebrauchen ...[6]

Wie mögen die Berliner damals gesprochen haben, wenn schon die Schriftsprache so wenig einheitlich war? Jede Sozialgruppe in der Stadt hat wohl ihre eigene Sprache gepflegt – die an Hochschulen und Universitäten arbeiteten, schrieben ihre gelehrten Abhandlungen auf Latein; die sich in der Welt der europäischen Diplomatie bewegten, pflegten ihr Französisch, aber in der fernab des Welthandels und der damaligen Machtzentren gelegenen Haupt- und Residenzstadt Berlin werden diese Kreise nicht gerade groß gewesen sein. Das Deutsch unseres Großen Kurfürsten war, gemessen an unseren Sprachstandards, kaum elaboriert; aber darauf legte man damals wenig Wert.

Wie sprachen die Juden, die von dem Angebot Gebrauch machten, sich in Berlin niederzulassen?[7] Wissen wir auch wenig über diese ersten jüdischen Berliner, so lassen sich doch ihre Sprachen ziemlich genau umschreiben. Sie sprachen Judendeutsch und beteten auf Hebräisch oder Aramäisch.[8] Zu kaum einer Zeit war Hebräisch die Umgangssprache der Juden; die heutige Situation im Staat Israel, der Hebräisch als Nationalsprache kreiert hat, ist für die jüdische Geschichte wenig charakteristisch. Hebräisch war schon zu biblischen Zeiten nicht die Alltagssprache der Juden, sondern Aramäisch oder zeitweise auch Griechisch. Dies hat seinen Ursprung auch darin, dass nur ein Teil der Juden aus dem babylonischen Exil nach Palästina zurückkehrte und es also schon zu einer Zeit, als noch ein biblischer jüdischer Staat existierte, eine Diaspora gab, in der wahrscheinlich mehr Juden lebten als in Palästina selbst.[9] Seit dem 2. Jahrhundert n. Chr. bis zur Eroberung durch die Muslime war das Hebräische selbst in Palästina lediglich Gebetssprache, die man sorgsam erlernen musste. Wenn dies für die Juden im Heiligen Land gilt, so in noch viel stärkerem Maß für diejenigen, die sich seit dem 5. vorchristlichen Jahrhundert fernab Palästinas in der damals bekannten Welt in jüdischen Gemeinden angesiedelt hatten. Dass abgesehen von einer gelehrten Oberschicht an Rabbinern tatsächlich viele Juden entgegen der landläufigen Volksüberlieferung des Hebräischen nicht mächtig waren, belegt eine von Paulus Aemilius 1544 in Augsburg gedruckte Ausgabe »Die fünf Bücher Mose, aus dem Hebräischen von Wort zu Wort, nach der jetzigen der Juden art, inn die Teutsch Sprach gebracht, un doch mit hebräischen Buchstaben getruckt«.[10] Auf dem Titelblatt heißt es: »Es solle damit der Beweis geliefert werden, daß die Juden keineswegs, wie viele Christen irrtümlich meinen, auch jetzt noch hebräisch sprechen … Und da die Thora Mosis das Hauptreligionsbuch der Juden ist, die meisten aber die Sprache dieses Buches nicht verstehen …«

Nicht alle Juden des 17. Jahrhunderts sprachen Jiddisch, denn die jüdische Welt von damals bestand (wie übrigens auch die heutige) aus unterschiedlichen Lebenswelten. Die Juden Mittel- und Osteuropas, Aschkenasim genannt, weil sie ursprünglich aus dem deutschsprachigen Gebiet (hebräisch: Aschke-nas) stammten, hatten als Alltagssprache eine Mischung aus Mittelhochdeutsch, Hebräisch und der Sprache der jeweiligen Umgebung. Juden aus den östlichen Teilen Europas hatten demnach in ihrem Jiddisch einen höheren Anteil an slawischen Worten als die »hochdeutschen« (also aschkenasischen) Juden Amsterdams, so wie die heute »jinglisch«[11] sprechenden orthodoxen Juden New Yorks einen sehr hohen Anteil an englischen Worten in ihrem Jiddisch haben. Aber neben den aschkenasischen Juden gab es im 17. Jahrhundert (wie auch heute) sephardische und orientalische Juden.

Die Sepharden wurden 1492 aus Spanien (hebr. = Sepharad) vertrieben und nahmen als ihre jüdische Sprache das Ladino mit, ähnlich dem Jiddischen eine Sprache, die aus einem hohen Anteil von Worten der Umgebungskultur, hier dem Spanisch des Spätmittelalters, und hebräischen Worten bestand. Ladino ist wie Jiddisch eine Exportsprache, der die Juden auch nach ihrer Vertreibung aus Spanien treu blieben, da sie dort über Jahrhunderte gelebt hatten. Sie nahmen diese Sprache in ihre neue Diaspora mit, wo sie zweierlei Veränderungen unterlag. Einmal entwickelte sie sich nicht kongruent zur Sprache in dem Land, aus dem sie stammte, da der Kontakt zur alten Heimat durch die Inquisition auf Reisende beschränkt blieb; zum anderen entwickelte sie sich nun unter den Bedingungen der neuen Diaspora weiter: Es kamen also Elemente der neuen Umgebungssprache hinzu. Verstärkt erlangten hebräische Worte eine gewisse Bedeutung, denn Ladino diente nun nicht mehr der Kommunikation mit der Außenwelt, sondern lediglich als Binnensprache dieser jüdischen Lebenswelt. Jene grundsätzlichen Entstehungs- und Überlebensstrukturen haben Ladino und Jiddisch bei aller Unterschiedlichkeit der sprachlichen Herkunft, hier romanischer Sprachkreis, dort germanischer Sprachkreis, gemeinsam; beide Sprachen haben sich bis heute in jüdischen Gemeinschaften erhalten; beide Sprachen werden in hebräischen Lettern notiert.[12] So gibt es also je nach Kulturkreis jüdische Sprachwelten, die über Jahrhunderte nebeneinander existierten – auch in den orientalischen Welten bildeten sich solche Sprachen,[13] beispielsweise Judeo-Persisch, Judeo-Arabisch usf.

Über die Entstehungsgeschichte dieser Sprachen gibt es zahlreiche Theorien.[14] Begnügen wir uns hier damit, die Gemeinsamkeiten dieser jüdischen Dialekte festzustellen. Die jüdischen Gemeinschaften waren, wo immer sie lebten, Bestandteil der Umgebungskultur. Auch im mittelalterlichen Ghetto oder in der Judengasse gab es den Austausch mit der Umgebungsgesellschaft. Diese Kommunikation erfolgte in der Sprache der jeweiligen Mehrheitskultur. Unter dieser Voraussetzung hatten sich zwischen dem frühen und späten Mittelalter sowohl im deutschen Sprachbereich als auch unabhängig davon im zunächst muslimischen, später christlichen Spanien über Jahrhunderte existierende jüdische Gemeinschaften herausgebildet, die in vielfältigster Weise mit der Umgebungskultur verwoben waren. Die Jahrhunderte des Zusammenlebens mit einem besonderen kulturellen Umfeld prägten das Sprachverhalten der jeweiligen jüdischen Welt. Im Unterschied zur jeweiligen Umgebungskultur schrieben die Juden Texte fast ausschließlich in hebräischen Buchstaben. Judeo-Arabisch unterscheidet sich von klassischem Arabisch wohl nur durch die Notierung in hebräischen Lettern; analog dazu notierten die Juden mittelalterliche deutsche Texte in hebräischen Lettern, wie übrigens auch Moses Mendelssohn seine berühmte Übersetzung der Bibel ins Hochdeutsche zunächst in hebräischen Lettern drucken ließ, damit sein Zielpublikum, die Juden, sie lesen konnten.

Als die Juden Mitteleuropas nach den Pogromen, den Verfolgungen im 14. Jahrhundert, ostwärts zogen, nahmen sie ihre Sprache ebenso mit, wie die spanischen Juden dies nach ihrer Vertreibung von der Iberischen Halbinsel 1492 taten. Ladino und Jiddisch haben sich als Sondersprachen der Juden erst in einer Umgebungsgesellschaft entfaltet, in der Spanisch bzw. Deutsch nicht als Kommunikationsmittel der Umgebungsgesellschaft dienten. Von diesem Idiom des Jiddisch, nennen wir es zur Verdeutlichung Ostjiddisch,[15] das in Osteuropa, also in einer nichtdeutschen sprachlichen Umwelt gesprochen wurde, muss die Sprache der im deutschen Kulturkreis lebenden Juden unterschieden werden. Diese als Westjiddisch zu bezeichnende Sprache hat zwar hebräische, aber zunächst keine slawischen Sprachelemente und dürfte in Syntax und Wortfeld dem von der Umwelt gesprochenen Deutsch sehr ähnlich gewesen sein. Erst mit der Flucht osteuropäischer Juden nach Westeuropa und Amerika, die nach den Massakern des Ukrainischen Aufstandes von 1648/49 unter Bogdan Chmielnicki einsetzte, breitete sich das Ostjiddisch geographisch aus, da wurden die jüdischen Gemeinden der westlichen Welt primär aschkenasisch. Erst durch diese Rückwanderung im Mittelalter überwiegend aus Deutschland nach Osteuropa migrierter Juden nach Westen, die bis ins 20. Jahrhundert aus verschiedensten politischen Anlässen in immer neuen und immer größeren Bewegungen verblieb und auch heute mit der massiven Auswanderung sowjetischer Juden zu konstatieren ist, wurde die Bezeichnung Jiddisch fast zum Synonym für die Sprache der Juden. Das wesentlich näher am Hochdeutschen orientierte Westjiddisch wird heute ebenfalls darunter subsumiert. Die Dominanz der durch diese Remigration geprägten jüdischen Welten drängt alle anderen jüdischen Idiome und Lebenswelten zurück. Unter Jiddisch kann man heute »die Sprache [verstehen], derer sich die nichtassimilierten aschkenasischen, das heißt Mittel- und osteuropäischen Juden im Alltagsleben innerhalb der Familie und der jüdischen Gemeinschaft bedienen oder bis vor kurzem bedient haben. Die jiddische Sprache ist dem Schoß der deutschen Sprache entsprungen. Und trotz der in allen Räumen ihres Gebäudes erkennbaren Überfremdung durch Sprachgut anderer Herkunft bildet das deutsche Element dessen Grundfesten und tragendes Gerüst.«[16]

Hebraismen

Kommunikation ist keine Einbahnstraße – Worte der Umgebungskultur fanden nicht nur ihren Weg ins Jiddische, sondern auch Worte hebräischen Ursprungs ihren Weg in die Sprache der Umgebungskultur. Das italienische »Sabbato«, der deutsche Samstag (ursprünglich althochdeutsch sambaz-tag), das »Abrakadabra« (aramäisch = hocuspocus) sind dafür Belege, wiewohl hieran nicht nur der zwischenmenschliche Kontakt, sondern im Besonderen auch die Bibelübersetzungen einen gehörigen Anteil haben.

Abrakadabra war ursprünglich eine Zauberformel, die als Beschwörungsmittel gegen Krankheit, besonders gegen Wechselfieber gebraucht wurde. Das Wort wurde als gleichseitiges Schriftdreieck geschrieben:

A B R A C A D A B R A
A B R A C A D A B R
A B R A C A D A B
A B R A C A D A
A B R A C A D
A B R A C A
A B R A C
A B R A
A B R
A B
A

Über den ursprünglichen Wortsinn gibt es zahlreiche Theorien; am plausibelsten scheint die hebräische Beschwörungsformel: »Awra kad(het) awra = Vorüber ist das Fieb(er), vorüber.«[17]

Halleluja ist Anfangs- und Schlusswort in mehreren Psalmen.[18] Luther hat es nicht ins Deutsche übertragen. So hat das Wort, dessen Übersetzung etwa »Lobet Gott« oder »Lobet ihn mit vielen Lobgesängen« ist, Eingang in die deutsche Sprache gefunden.

Wer zu allem »ja und Amen« (hebr.: wahrhaftig, so sei es) sagt, meint sich auf das Neue Testament[19] zu berufen. Zwar gehörte *Amen* nicht zu den im Jerusalemer Tempel zugelassenen Akklamationen, es wird aber schon in der hebräischen Bibel an zahlreichen Stellen als Bekräftigung oder Annahme einer verkündeten Behauptung verwendet[20] und ist im heutigen Synagogengottesdienst eine sehr häufig benutzte Responsion. Damit in der riesigen Synagoge von Alexandrien das Amen so sicher wie in der Kirche sei, stand auf der Mitteltribüne ein Synagogendiener und schwang, sooft der Vorbeter einen Segensspruch beendet hatte und die Responsion erwartet wurde, eine Fahne, damit die Gemeinde mit ihrem »Amen!« das Gebet bekräftigte.

Im Buch Daniel[21] wird Belsazars Festmahl beschrieben, bei dem er und seine Gäste aus den heiligen Gefäßen trinken, die sein Vater Nebukadnezar aus dem Jerusalemer Tempel geraubt hatte. Heinrich Heine hat Belsazar in seinem gleichnamigen Gedicht ein Denkmal gesetzt und das »Menetekel« beschrieben:

Und sieh! und sieh! an weißer Wand
Da kam's hervor wie Menschenhand;
Und schrieb, und schrieb an weißer Wand
Buchstaben aus Feuer, und schrieb und schwand.

Weiter heißt es im Buch Daniel: »Und das ist die Schrift, die aufgezeichnet ist: ›Mene, Mene, Tekel, Ufarsin.‹« Es gibt zahlreiche Erklärungen dieser Beschwörungsformel.[22] »Mene – abgezählt hat Gott dein Reich und es vollendet, tekel – du bist gewogen und für zu leicht befunden, ufarsin – geteilt ist dein Königreich und wird den Medern und Persern gegeben.« *Menetekel* bedeutet metaphorisch genommen nichts anderes als eine Warnung oder Drohung vor einem dicht bevorstehenden Untergang.

An anderer Stelle in derselben Ballade heißt es: »Jehowa! dir künd ich auf ewig Hohn – ich bin der König von Babylon!«[23] Wie hier findet sich in zahlreichen literarischen Texten der Begriff *»Jehowa«*, der auch heute durch die Religionsgemeinschaft, die sich als Zeugen Jehowas bezeichnet, allgemein bekannt ist. Verwendet wird er auch in Bibelübersetzungen, in denen er den Gott der hebräischen Bibel, also des »Alten Testaments«, bezeichnet. Im nichtvokalisierten hebräischen Text der Bibel stehen lediglich vier Buchstaben, als Tetragramm bezeichnet: *J H W H;*

der kritischen Bibelwissenschaft zufolge ist dies mit »Jahwe« richtig vokalisiert, während die seit der Zeit des Humanismus verbreitete[24] Bezeichnung »Jehowa« auf einen Überlieferungsfehler zurückgeht. Fromme Juden sprechen dieses Wort weder in der einen Vokalisierungsform noch in der anderen aus, da es alleine dem Hohepriester zukam, im alten Tempel von Jerusalem am Jom Kippur, also am höchsten jüdischen Feiertag, in das Allerheiligste des Tempels zu gehen und Gott bei seinem Namen zu nennen.

Dass übrigens das Reformjudentum in Berlin seine Gebetshäuser wieder Tempel nannte, hängt mit der Judenemanzipation zusammen. Nach der Zerstörung des Tempels sollte in der Diaspora kein Bauwerk errichtet werden, das den Tempel ersetzt, und auch die Bezeichnung wurde nicht mehr verwendet. In hellenistischer Zeit bildete sich die Bezeichnung Synagoge für die Gebets- und Versammlungshäuser der Juden heraus, während in Israel bis heute die Bezeichnung Beth ha Knesseth üblich ist. Erst im 19. Jahrhundert mit der bürgerlichen Gleichstellung der Juden veränderten einige jüdische Gemeinden den Gottesdienst, um auch im Innersten der jüdischen Religion zu dokumentieren, dass sie keine exilierten Israeliten seien. Weil sich die Juden Preußens nun als preußische Staatsbürger fühlten, bauten sie keine Synagogen mehr, sondern »Tempel«. Die neuen Bethäuser, meist mit aufwändiger tempelähnlicher Architektur errichtet – ein Beispiel dafür ist die »Neue Synagoge« in der Oranienburger Straße in Berlin –, repräsentierten die in das Bürgertum aufgestiegene, arrivierte jüdische Oberschicht. Mit der Änderung des Namens für das jüdische Bethaus ging eine wichtige Reform der jüdischen Religion einher. Der jüdische Gottesdienst wurde nicht nur durch Äußerlichkeiten wie z. B. die Einführung gemischter Chöre[25] verändert, sondern die Gebete, die die Rückkehr der Juden ins Gelobte Land beinhalteten, wurden entweder aus dem Gebetbuch getilgt oder transzendiert. Da man sich als »jüdischer Staatsbürger deutschen Glaubens« (Tucholsky) fühlte und nicht mehr als aus Palästina Verbannter, wurde die Rückkehr in das Gelobte Land als ein metaphysischer Akt der Rückführung aller Menschen ins Paradies umgedeutet. Die Juden glaubten nun eine sittliche Mission zu haben, eine Botschaft, die sie unter den Völkern der Erde zu verbreiten hätten, nämlich die Religion der Vernunft und des abstrakt Guten, eine säkularisierte Form des Messiasglaubens.

Der *Messias* (hebr. *maschiach*) trennt Christentum und Judentum, denn während er für die einen gekommen ist, warten die anderen geduldig auf sein Erscheinen. Ursprünglich war das Wort »Messias« in der hebräischen Bibel der Titel für Könige und Priester, die mit geweihtem Öl gesalbt wurden. Später wurde es zum Synonym für Propheten oder andere Personen, die der Bibel zufolge einen göttlichen Auftrag zu erledigen hatten. Schließlich wurde der

Messias zur Heilsperson, die den Juden die Erlösung aus der Unterdrückung bringen und das Königreich Israel wiederherstellen sollte, und zuletzt zum Retter, der der Welt Gottes Alleinherrschaft verkünden und zum Tag des Letzten Gerichts führen würde.

Interessanterweise werden nicht nur die Könige Saul, David und Zedekia, sondern auch König Cyros von Persien als »Maschiach« bezeichnet; dass Cyros so bezeichnet wird, ist hervorzuheben, weil er kein Jude war.[26]

Das messianische Ideal des Jesaja[27] beinhaltet einen König, der sein Volk mit Weisheit und in Gottesfurcht regieren wird und unter dessen Herrschaft kein Krieg mehr zwischen den Völkern entbrennt, weswegen alle Waffen zerstört und in Pflugscharen umgewandelt werden; auch wilde Tiere wie Löwen, Wölfe und Bären wandeln ihre natürlichen Eigenschaften und leben einträchtig neben dem Lamm. Mit anderen Worten: Paradiesische Zustände prägen die vom Messias erlöste Welt. Besonders in Zeiten der Verfolgung hat der Messiasglaube im Judentum große Bedeutung erlangt und immer wieder neue Deutungen und Erwartungen hervorgebracht. Nicht gelöst ist die Frage, ob der Glaube an den Messias auf eine historische Persönlichkeit abzielt oder auf ein abstraktes Ideal, das beispielsweise durch eine politische Bewegung[28] erreicht werden kann. Die Frage nach dem Kommen des Messias beschäftigt auch heute nicht nur Theologen, denn die Innenpolitik des Staates Israel wird hierdurch ganz wesentlich beeinflusst. Religiöse Konzepte bestimmen die Programme einiger radikaler politischer Parteien, die meinen, die messianischen Zeiten herbeiführen[29] zu können.

Was man sich unter dem *Paradies* (hebr. *pardess*) vorzustellen hat, weiß jeder, der einmal die Bibel aufgeschlagen hat. Die biblisch-hebräische Bezeichnung für den gleichen Ort ist »Garten Eden« (hebr. Eden = Wonne). Die Wirkungs- und Entstehungsgeschichte dieses Wortes hat mehrere Etappen genommen: »Paradeisos« ist das griechische Wort, das wohl ausgehend von der Septuaginta, einer der frühen Bibelübersetzungen, seinen Weg über das kirchenlateinische Wort »paradisus« ins mittelhochdeutsche »paradis(e)« genommen hat. Auch wenn es zahlreiche Worte gibt, die mit dem griechischen »para« beginnen – erinnert sei an die paramilitärische Rüstung von Polizeiverbänden –, so hat das Paradies doch eine andere Herkunft: Es stammt ursprünglich aus dem mittelpersischen »pardez« (= Einzäunung), das in der Zeit der babylonischen Gefangenschaft seinen Weg ins Hebräische genommen hat.

Im Gegensatz zum Paradiesvogel ist der *Satan* (hebr. *Satan* = Verhinderer; im übertragenen Sinn auch Widersacher, Verführer) ein finsterer Geselle. In den älteren Büchern der hebräischen Bibel ist der Satan eine dämonische, boshafte und menschenfeindliche Macht. Bei Secharja und im Buch Hiob[30] ist er erstmals ein selbständiges, allerdings im Auftrag Gottes handelndes Wesen. Das in nachbiblischer Zeit weiterentwickelte Teufelsbild hatte seinen Ursprung in der Dämonenbesessenheit der antiken Welt und fand auch in den jüdischen Volksmassen immer weitere Verbreitung. In der gesamten umfangreichen jüdischen Legendenliteratur[31] begegnet man dem unheilvollen Treiben des Satans. Der Talmud charakterisiert ihn so: »Derselbe Satan ist gleichzeitig der böse Trieb und der Trieb des Todes; er steigt hinab und verführt, steigt hinauf und reizt zum Zorn gegen die Verführten, holt Erlaubnis und nimmt dann die Seele.«[32]

Sehr seltene Ereignisse finden alle *Jubeljahre* einmal statt. Jahrestage müssen keine *Jubiläen* sein. Gemeinsamer Ursprung beider ist das hebräische Wort *joval.* Das Jubeljahr ist eine Einrichtung, die alle fünfzig Jahre den Landbesitz neu verteilte.[33] Sie geht auf eine Bestimmung der hebräischen Bibel zurück, die schon zu biblischen Zeiten außer Kraft gewesen sein soll, möglicherweise nie eingehalten wurde. Der Begriff des Jubeljahres ist über die lateinische Bibelübersetzung, die Vulgata, ins Deutsche gekommen. »Annus jubileus« heißt es dort. Hieraus entstand dann in Anlehnung an die ursprüngliche Wortbedeutung des hebräischen Wortes »Joval/jobal« der lateinische Begriff »jubilare« (= schreien, jubeln). Das für das freudige Ausklingen von Kirchengesängen gebräuchliche Wort wurde schließlich auf besondere Feiern übertragen und gelangte über den »Jubilar« zum heute gebräuchlichen »Jubiläum«. Das

Berliner Stadtjubiläum wurde auf der Grundlage der ersten urkundlichen Erwähnung Cöllns an der Spree 1987 gleich zweimal gefeiert, denn die Stadt war noch geteilt. Dass der älteste Grabstein im Gebiet des heutigen Berlins von einem Juden namens Jona stammt, der auf dem Judenkiewer in Spandau im Jahr 1244 beerdigt wurde, sei an dieser Stelle angemerkt.[34]

Was ein *Tohuwabohu* (hebr. *Tohuwabohu* = Wirrwarr, Durcheinander) ist, weiß jeder, der schon einmal mit 100 Kisten voller Bücher umgezogen ist. Die Bibel beschreibt das so:[35]

Im Anfang schuf Gott den Himmel und die Erde.
Und die Erde war öd' und leer
und Finsternis auf der Fläche des Abgrundes
und der Geist Gottes schwebend
über der Fläche der Wasser.[36]

Viele Männer haben einen *Adamsapfel* (hebr. *tapuach adam* = Apfel des Adam), womit ein hervortretender Teil des Schildknorpels am Kehlkopf gemeint ist. Der jüdischen Überlieferung zufolge blieb Adam ein Teil der Frucht, die er vom Baum der Erkenntnis gegessen hat, im Hals stecken und war ein Apfel. Im biblischen Bericht selbst ist übrigens kein Apfel erwähnt. Der medizinische Ausdruck für den Kehlkopfknorpel »pomum adami« ist ebenfalls »Adamsapfel«, eine Analogie zur biblischen Überlieferung.[37]

Eine »himmlische Speisung« zu einer Zeit, als die

267 Morgengebet für die Festtage.

Gebet für den Landesherrn.

Herr der Welt, Vater aller Menschen! Du hast die Obrigkeit eingesetzt auf Erden, daß sie ein Schirm des Rechts und ein Schutz der Ordnung sei! Erhalte und segne unseren König, den deutschen Kaiser

Wilhelm II.,

daß unter seinem Szepter Wahrheit und Gerechtigkeit immer mehr erblühen! Segne die Kaiserin und Königin

Auguste Viktoria,

seine Gemahlin. Segne den Kronprinzen, die Kronprinzessin und das ganze Königliche Haus! Segne das gesamte deutsche Vaterland, daß Gerechtigkeit und Treue, Friede und Wohlfahrt in ihm walten und alle seine Kinder einen und beglücken mögen! Segne unsere Vaterstadt, gib ihr Blüte und Gedeihen! Segne Israel an allen Orten und in allen Landen! Segne unsere Gemeinde, segne ihre Vorsteher und Vertreter, ihre Schulen und wohltätigen Anstalten samt Allen, die in Treue an ihnen wirksam sind! Segne ein jedes Haus unserer Gemeinde, Männer und Frauen, Eltern und Kinder, das Alter und die Jugend. Stärke die Schwachen, heile die Kranken, richte auf die Gebeugten, schenke Trost den Trauernden, ewiges Heil den Dahingeschiedenen. Gib, o himmlischer Vater, daß Dein Reich, das Reich der Wahrheit und des Friedens, immer mehr und mehr sich ausbreite und laß die Tage nahen, in welchen Du als Herr der Welt erkannt sein wirst, Du als der Eine und Dein Name der Einzige, auf daß alle Menschen Dich anbeten und aus jedem Munde Dein Lob erschalle. Amen!

Gebet für den Landesherrn aus dem »Gebetbuch für die neue Synagoge in Berlin«, 1913

Nachkommen Adams sich auf der Erde abplacken mussten, wird mit *Manna* bezeichnet. Es war die Hauptnahrung der Israeliten während der vierzigjährigen Wüstenwanderung – und wird in unserer Umgangssprache als Synonym für eine besondere Delikatesse benutzt.

Und die Kinder Jisrael sahen und sprachen einer zum anderen: Manna ist das! Denn sie wussten nicht, was es ist. Und Mosche sprach zu ihnen. Das ist das Brot, das der Ewige euch gegeben hat zum Essen. […]

Und das ist, was der Ewige geboten: Sammelt davon, jeglicher nach dem, was er isset;[38]

Ein furchtbarer Gott der Kanaaniter wird oft zitiert, wenn von Großstädten gesprochen wird: Metropolen werden als *Moloch* bezeichnet. In einen anderen, nicht günstigeren Zusammenhang wird besagter Gott gebracht, wenn man meint, dem Moloch etwas zu opfern.[39] Im 8. vorchristlichen Jahrhundert drang der Kult dieses Gottes in Israel ein. Der Moloch-Dienst verlangte menschliche Feueropfer[40] und wurde von den Propheten bekämpft.

Es wird zuweilen darauf verwiesen, das Wort *Ziffer* komme aus dem Hebräischen (*sifer* = zählen).[41] Im 1. Buch Moses[42] taucht es zum ersten Mal auf: »Und er führte ihn auf die Straße und sprach. Schau auf gen Himmel, und zähle die Sterne, wenn du sie zählen kannst! Und sprach zu ihm: So wird sein dein Same.«

Die Reihe der Hebraismen in der deutschen Sprache ließe sich noch lange fortsetzen. Man denke nur an all die Beispiele, die in Büchmanns »Geflügelten Worten« in dem berühmten Vorwort zum Kapitel VII »Biblische Zitate« der 6. Auflage aufgezählt sind:

Der Mensch wird nackt geboren wie Adam, er ist keusch wie Joseph, weise wie Salomo […], er ist ein langer Laban, ein Riese Goliath […], stark wie Simson, er lebt wie im Paradiese, dient dem Mammon und hat Mosen und die Propheten […] oder stimmt […] Jeremiaden an, sehnt sich zurück nach den Fleischtöpfen Ägyptens, bekommt eine Hiobspost über die andere […]. Vielleicht ist er ein Saul unter den Propheten […]. […] noch schlimmer, wenn er ein Kainszeichen an seiner Stirn trägt; kann man ihn zur Rotte Kora zählen; aber möglicherweise zählt er zu dem unschädlichen Geschlecht der Krethi und Plethi, aber ist nichts als ein gewöhnlicher Philister. Jedenfalls müssen ihm […] die Leviten gelesen werden, damit er den alten Adam ausziehe und nicht länger in Sodom und Gomorrha lebe, in ägyptischer Finsternis und in babylonischer Verwirrung. Doch wie dem auch sei, er sehnt sich danach, alt zu werden wie Methusalah, und wenn es mit ihm Matthäi am letzten ist, wird er aufgenommen in Abrahams Schoß.[43]

Jiddisch im Berliner Jargon von A bis Z

Den bisher erörterten Worten der deutschen Sprache, die hebräischen Ursprungs sind, war gemein, dass zu ihnen ein weites thematisches Umfeld gehörte. Im Folgenden soll es um Hebräisches im Berliner Jargon gehen, also nicht um die Termini religionswissenschaftlicher Fachleute, sondern um Umgangssprache. Und da der Berliner nicht unbedingt ein Philosoph ist, umfassen die Erklärungen keine komplexen Sinnzusammenhänge, sondern sind Worterläuterungen.

Wie man sich das Jiddische im Berliner Jargon vorzustellen hat, lässt sich mit der folgenden wahren Begebenheit beschreiben:

Vor kurzem stand ich auf dem U-Bahnhof Zoologischer Garten, um auf einen Zug der berühmten Linie 1 zu warten. Die Bahnsteige sind hier so angeordnet, dass die Schienen für die Züge aus beiden Richtungen in der Mitte liegen, einander gegenüberliegend die beiden Bahnsteige. Wie in jenem berühmten Musical des Berliner Grips-Theaters wurde ich nun Zeuge einer Urberliner Unterhaltung zwischen zweien, die auf dem Weg nach Hause durch Zufall einen Freund auf dem gegenüberliegenden Bahnsteig entdecken. Schallt es von links: »Hallo Kalle«, antwortet es von rechts: »Kommste gerade von de *Maloche*?« »Nee, ick komme vom *Zocken*!«, hallt es zurück. »Wat sagt'n deine *Mischpoke* dazu?« »Wenn ick *Masel* hab' und genügend *Moos* mit nach Hause bringe, nimmt meine *Ische* den *Schlamassel* in Kauf, wenn nicht, dann gibt es *Zoff*.«

Malacha heißt auf Hebräisch die Arbeit, also geht einer, der *malochen* geht, seiner Arbeit nach. Der hier antwortet, ist jedoch einer sehr eigenartigen Form der Beschäftigung nachgegangen, nämlich dem *Zocken* oder Zrokken. Beides kommt vom hebräischen Wort *sachek*, das mit Spielen richtig übersetzt ist. Die Mischpoke stammt von der *Mischpacha* und ist die Familie. Offensichtlich stammt das Quäntchen Glück, das auch der Fleißige benötigt, um seinen gerechten Lohn einzufahren, vom hebräischen *mazal* ab. Natürlich hat auch das als Glückwunsch ausgerufene »Masel Tow«, das nicht nur bei zerschlagenem Geschirr, zerdepperten Spiegeln, sondern wohl auch bei Eheschließungen üblich ist, hier seinen Ursprung … Dass einem Unglücksraben aber ein *Schlamassel*, ein schlechtes »Masel« eben, widerfährt, ist nicht ganz so offensichtlich. *Ische* heißt Frau, vom hebräischen Wort *Ischa; Moos* hat nichts mit der im Garten befindlichen Grünkultur zu tun, sondern stammt vom hebräischen *Moess* und heißt Geld. Schließlich wäre da noch der *Zoff*, der nichts anderes als die jiddische Sprachform des hebräischen Wortes für Schluss oder Ende ist. Zoff ist also das Gegenteil vom Happy End, aber jenes stammt wohlweislich aus Hollywood.

Folgen Sie mir also auf meiner Suche nach jiddischen Ausdrücken von A bis Z, die jedem Berliner in Fleisch und Blut übergegangen sind.

Sollte jemand *abnibbeln*, so ist dies eine schlechte Nachricht, die zudem eine gewisse Respektlosigkeit vor Toten bekundet. Die Berliner sind nicht nur areligiös, sondern auch respektlos. Bei den Bewohnern der ehemaligen preußischen Haupt- und Residenzstadt Preußens, der vormaligen Reichshauptstadt, der geteilten Frontstadt und jetzigen Bundeshauptstadt handelt es sich um einen derben Menschenschlag, der sich weder von tausendjährigen Herrschern noch von Blockaden, Mauern und Stacheldraht einschüchtern lässt. Wie anders ließe es sich erklären, dass ausgerechnet im designierten Germania, wie die Herrenmenschen des III. Reiches ihre Hauptstadt nennen wollten, die meisten unbesungenen Helden jüdische Menschen versteckt hielten, um sie zu retten? Zurück zum despektierlichen abnibbeln. Das hebräische Wort *nawol* ist ein passender Euphemismus für sterben, heißt es doch welken.

Wenn etwas wie *Affenkleister* klebt, hält es bombenfest. Was hat aber jenes von Baum zu Baum springende Urwaldtier mit besonders fest klebenden Dingen gemein? Sicherlich kennt jeder einen *Klammeraffen*, der nichts anderes ist als ein Heftklammerspender, der

Frontispiz der 1876 in Berlin erschienenen Vertonung des jüdischen Gottesdienstes. Dieser zeichnete sich durch erst von Louis Lewandoski in Berlin eingeführte Chöre und Orgelbegleitung aus, die im wesentlichen für die »Neue Synagoge« in der Oranienburger Straße komponiert worden waren.

verschiedene Papiervorlagen untrennbar miteinander verbindet: Beide Affen haben mit dem Urwaldtier nichts zu tun, sondern stammen vom hebräischen *afo*, das backen heißt. Hält also etwas wie Affenkleister, dann ist es wie zusammengebacken – und so ist wohl auch der Heftklammerspender nichts anderes als ein Papierzusammenbacker. Würde denn der geneigte Leser wirklich ein solches Wortungeheuer benutzen wollen, um ein paar Blatt Papier zusammenzuheften? Der Klammeraffe ist ein viel zu vertrautes Bürotierchen: Dass man ihn oft verlegt, bedeutet nicht, dass er sich versteckt. Gleichwohl wird er gegen die auf ihn ausgestoßenen Flüche nicht *aufmotzen* (oder aufmutzen). *Mutz* ist die Spreu, die man bekanntlich vom Weizen trennt – also der Ausschuss, das, worauf man gerne verzichtet. Unverzichtbar ist der Diskurs und der kritische Einwand, während jemand, der aufmutzt oder aufmotzt, eben Ausschüssiges einbringt – Gedanken, auf die man gerne verzichtet.

Beim *Ausbaldowern* können zwei verschiedene Sachverhalte gemeint sein. Einmal ist es das Aushandeln einer Einigung zwischen zwei Geschäftspartnern, freilich das nicht gerade in vornehmster Atmosphäre erzielte Geschäftsergebnis; zum anderen ist es das Auskundschaften einer unbekannten Situation. Ein *Baldower* – ein schöner Baldower – ist einer, der etwas besitzt. Der *Baal* ist bekanntlich ein Gott: Felix Mendelssohn-Bartholdy hat dem Baal der Kanaaniter einen wunderbaren Kanon im Oratorium »Elias« gewidmet. »Baal wir hören dich!«, rufen erwartungsfroh die auf Regen Wartenden, bis Elias ihnen durch Zeichen und Wunder klar macht, dass allein der Ewige Herr des Himmels und der Erde ist. *Dawar* ist eine Sache, ein Wort. *Dewarim* heißt nach dem ersten hebräischen Wort das 5. Buch Moses in der jüdischen Überlieferung. Setzt man beide Worte zusammen, so ist jemand, der etwas ausbaldowert, einer, der etwas ausklügelt oder auskundschaftet, also Herr oder Besitzer einer Sache oder eines Wortes ist.

Oft hat man *Bammel* vor einem Termin beim Zahnarzt. *Bammel* ist nicht gerade eine Bezeichnung für einen Helden – eher im Gegenteil: Das Wort bekundet Angst vor einem Ereignis. Es setzt sich aus *Baal,* dem oben erwähnten Herrn oder Gott, sowie *ejma,* der Angst, zusammen: Ein Herr oder Gott der Angst ist ein Angsthase – eben einer, der Bammel hat.

Wo *Bartel seinen Most* herholt, ist meist das Geheimnis desjenigen, der aus unbekannten Quellen schöpft: Wenn man freilich statt des Bartel ein *Barsel,* das hebräische Wort für Eisen oder Brechstange, setzt und statt des Most das hebräische Wort *Moess,* das Kleingeld bedeutet, dann bekommt die Redewendung Sinn und heißt nichts anderes, als dass jemand eine Geldquelle mit dem Brecheisen anzapft. Dass der Bartel'sche Most übrigens im berühmten Moos sein Äquivalent hat, sei an dieser Stelle angemerkt. Will heißen, dass jemand, der viel Moos hat, nicht etwa seinen Rasen hat verkarsten lassen, sondern über viel Geld verfügt.

Wenn jemand sich *beschickert* hat, geht's ihm anschließend meist *belemmert. Schikur* ist das hebräische Wort für Trunk. Einer, der sich beschickert, ist also einer, der sich angeschwipst hat. Diesem fehlt danach die Sprache, *be'li emor,* zu Deutsch ohne Sprache: eben belemmert.

Gewiss kennt ein jeder eine gut *betuchte* Person, was nun heißen könnte, dass diese in guten Kleidern steckt und deshalb vertrauenswürdig ist. Vielleicht stammt die Redewendung aber auch vom hebräischen *batuach* ab, das nichts anderes als sicher, vertrauenswürdig heißt?

Der *blaue Montag* war für Handwerker eine soziale Einrichtung, wie heute die 5-Tage-Woche, denn wenn einer blau ist, findet etwas ohne denjenigen statt, von dem soeben die Rede ist. Was aber in aller Herrgottsnamen hat die schöne Farbe des Meeres und des Himmels mit der Nichtanwesenheit oder vielleicht auch mit der Volltrunkenheit zu tun? Nichts, denn diese Wortverbindung stammt wohl aus dem hebräischen *b'lo* oder *b'law* und heißt wörtlich übersetzt »ohne ihn«: Am blauen Montag wird also gearbeitet, aber ohne die Handwerker, die blaumachen oder blau sind.

Dass man im Sommerschlussverkauf oder bei anderen Preisaktionen *Bowel* oder *Powel* ersteht, kann bei den ins Auge springenden Niedrigpreisen solcher Tage leicht passieren. *Bawel* ist das hebräische Wort für ein Durcheinander oder einen Rausch. *Bowel* ist also Ware, die im Durcheinander oder im Kaufrausch erstanden wurde, minderwertige Ware also.

Eine Durchfallerkrankung, die sich als Seuche ausbreitet, ist die *Cholera. Chole* heißt auf Hebräisch krank; *ra,* ebenfalls hebräisch, heißt schlimm oder schlecht. Cholera ist also die schlimme oder schlechte Krankheit. Aber welche Krankheit ist schon schön oder gut.

Zweimal schlecht geht es jemandem, wenn man ihm zureden muss wie einem *kranken Gaul.* Hier handelt es sich um nichts anderes als einen Pleonasmus, denn der Gaul kommt von *chaule,* dem jiddischen Ausdruck für den hebräischen *chole,* den Kranken. Also man redet jemandem zu wie einem kranken Kranken, denn der Gaul ist kein Pferd, sondern der *chole,* der Kranke.

Was eine *Chuzpe* ist, definiert die Frankfurter Allgemeine Zeitung so: »Chuzpe bewies jener Mann, der seine Eltern erschlug und anschließend vor Gericht auf mildernde Umstände plädierte, weil er ja nun Vollwaise sei. Chuzpe ist also mehr als die gewöhnliche, plumpe, alltägliche Unverschämtheit. Zur Chuzpe gehört per definitionem jenes intellektuelle Judo, das den Gegner aufs Kreuz legt, indem es sich seiner freundlichen Mithilfe bedient.

›Aber …‹ wendet man entrüstet ein. ›Eben!‹, antwortet der andere ungerührt – und schon liegt man auf der Matte. Auf unverschämtes Verhalten reagiert man in der Regel mit heller Empörung; auf Chuzpe auch, aber zugleich kann man einen anerkennenden Pfiff nicht unterdrücken. Wer mehr darüber erfahren möchte, lese Israel Zangwills ›Der König der Schnorrer‹.«[44] Dass in der gleichen Zeitung am gleichen Tag die Chuzpe nochmals Einzug hielt, liegt wohl an den ZeitläufTen: Leo Wieland berichtet über die Verhandlungen zwischen den USA und Kuba die Flüchtlingswelle betreffend und leitet seinen Artikel mit folgendem Satz ein: »Wenn die Chuzpe einen Vornamen hätte, so hieße sie Fidel oder Ricardo – so wie Fidel Castro oder Ricardo Alarcón. Der eine, Kubas Màximo Lider, benutzt seit einem Monat die Flucht aus dem verelendeten kommunistischen Inselstaat als politische Waffe gegen die Vereinigten Staaten und gibt den ›Yanquis‹ noch daran die Schuld. Der andere, Castros Vertrauter und Chefunterhändler bei den New Yorker Verhandlungen, verlangt derweil eine garantierte Quote von mehr als 100 000 Visa für einen institutionalisierten Bevölkerungsexport in die Vereinigten Staaten und möchte dazu ebenfalls schriftlich von Washington das Eingeständnis, dass dessen Handelsembargo die ›Hauptursache‹ für den Exodus sei.«[45] Gewiss kann man aus *daffke* jemanden boykottieren, indem man zum Beispiel einer Einladung fernbleibt. Man kann aber auch im Gegenteil ungebetenerweise zu einer Veranstaltung gehen, das ist dann vielleicht auch eine Chuzpe. *Dawka* ist ein aramäisches Wort, das wörtlich übersetzt »so und nicht anders« heißt, was freilich der Trotzhaltung des *daffke* nicht ganz entspricht.

Bitter ist es, wenn man einen *Dalles* hat, mit anderen Worten: eine leere Kasse oder einen leeren Magen. *Dallut* heißt Armut auf Hebräisch, man ist also arm, wenn man einen Dalles hat. Mit jemandem zu *dibbern* ist seit der Einführung des Telefontaktes nur unterhalb von sechs Minuten oder an Wochenenden zu empfehlen, auch wenn man etwas bedibbert. *Dibbern* (siehe auch weiter oben *baldowern, dewarim*) ist das hebräische Verb für sprechen – nun, was sollte man am Telefon anderes tun?

Ein *Dolmetscher* oder *Tolmendscher* ist ein sprachkundiger Mensch, der so gelehrt in einer anderen Sprache ist, dass er diese exakt übertragen kann. Man sagt, diese Wortschöpfung könnte in Anlehnung an die Gelehrten entstanden sein, die für jede Lebenslage eine Antwort aus dem Talmud haben, der über annähernd zehn Jahrhunderte vom 5. vorchristlichen Jahrhundert bis zum 5. nachchristlichen Jahrhundert an Akademien in Babylon und Palästina entwickelt wurde. Ein Dolmetscher käme also demjenigen gleich, der die im Talmud fixierte mündliche Lehre aus dem ff kennt.

Gelehrsamkeit ist natürlich nur durch eifriges Studieren und nicht durch obskure Praktiken zu erlangen. Wenn jemand *doof* ist, helfen bekanntlich keine Pillen, denn »doof bleibt doof«. Vielleicht heißt es ja aber »dow bleibt dow«, dann bliebe ein Bär, hebräisch *dow,* ein *dow*, ein Bär, ein bekanntlich nicht allzu intelligentes täppisches Tier.

Mindestens so oft wie *doof* kommt *dufte* im Berliner Jargon zur Anwendung. Dass *dufte* nicht vom guten Duft kommt, sondern für gut steht, ist klar. Dass es vom hebräischen *tow* abgeleitet ist, wird behauptet und erscheint nicht unmöglich.

Ab dreißig ist bekanntlich jeder selbst dafür verantwortlich, wie sein Gesicht aussieht. Für manch einen ist das, was er oberhalb der Schultern seines Gegenübers sieht, eine *Fratze: parzuf* bedeutet auf Hebräisch *Gesicht, patzef* ist das jiddische Original.

Ganeff, Ganove, Gauner sind diejenigen gewesen, die nicht wenige dieser Ausdrücke aus der Räuber- und Vagantensprache, dem Rotwelsch, ins Hochdeutsche oder den Berliner Jargon gebracht haben. *Ganaf* ist der Dieb – auf Hebräisch.

Ein *Goi* ist ein Nichtjude, so meint man: *Goi kadosch tihju li,* heißt es in der hebräischen Bibel, was so viel heißt wie: Ein heiliges Volk sollt ihr mir sein. Wenn man es also genau nähme, so ist ein Goi der Angehörige des heiligen, ja auserwählten Volkes, also gerade nicht der Nichtjude. Aber warum soll nicht auch einmal eine Wortbedeutung in ihr Gegenteil verwandelt werden? Interessant wäre es schon, einer solchen Bedeutungsverschiebung sprachgeschichtlich nachzugehen.

Eine Sache ist *haarig*, man könnte sicherlich auch sagen, sehr unangenehm: Was hat das mit Haaren zu tun? Kommt man der Sache näher, wenn man das hebräische *harog* als Ursprung des Wortes *haarig* vermutet, dann hieße es, dass eine Sache getötet oder tot wäre.

Hals- und Beinbruch! Ein fast so guter Wunsch wie der berühmte Gute Rutsch ins neue Jahr. Ist damit wirklich gemeint, der so Bedachte möge sich Hals und Bein brechen? Wohl kaum, denn der Wunsch kommt vom Hebräischen »hazlacha we beracha«, das in der Aussprache der Aschkenasim »Hazlocho we brocho«, zu Deutsch etwa Glück und Segen, heißt. Womit wir beim *Guten Rutsch* wären, der, feuchtfröhlich oder nicht, ganz sicher nicht eine Rutschbahn zum Vorbild hat, die von einem Jahr in das andere führt, sondern womöglich das hebräische Wort *Rosch.* Dieses bezeichnet im Hebräischen im Zusammenhang mit dem Monat oder Jahr immer den ersten Tag. Also ist der Gute Rutsch wohl eher als der gute *Rosch* des Jahres, der Neujahrsanfang, zu verstehen.

Dass der *Juliusturm* in Spandau etwas mit der jüdischen Geschichte in diesem Bezirk zu tun hat, ist seit den Ausgrabungen und der Herrichtung der dort gefundenen jüdischen Grabsteine allgemein bekannt. Wenig bekannt ist hingegen, dass der älteste von ihnen nur 7 Jahre älter ist als die erste urkundliche Erwähnung Cöllns im Jahre 1237, jenes Datum, das im Jahre 1987 zur 750-Jahr-Feier der damals noch geteilten Spreemetropole führte.

Die Inschrift lautet:
GRABSTEIN
DIESER WURDE ERRICHTET
ZU HÄUPTEN DER GRABSTÄTTE
JONA SOHN VON HERRN DAN
DER GING IN SEINE
WELT IM MONAT MARCHESCHEWAN
5 (= 1244) NACH DER KLEINEN ZEITRECH-
NUNG:

So gibt es die Wortherleitung *Juliusturm* als *turis judaeorum,* also aus dem Lateinischen, das zu gut Deutsch Judenturm hieße. Dem Historiker sei gegönnt, hinter diese schöne Anekdote ein Fragezeichen zu setzen.

Wer sich mit jemandem *kabbelt,* der ist kein Elektriker, der etwas verkabelt, sondern eine Streitnatur. Das hebräische Wort *kabal* bedeutet auch nichts anderes als sich gegenüberstehen, sich zanken. Aber *kabbeln* klingt viel schöner.

Berliner wissen nur zu gut, was ein *Kaff* ist oder schlimmer noch ein Kuhkaff. Es liegt irgendwo jwt-we-de, janz weit draußen. Ein Kuhkäffler ist eben einer, der von eben dort kommt, wo man Kühe aus dem Stall zieht, also das Gegenteil von urbanem Leben stattfindet: Einen solchen Ort nennt man gemeinhin Dorf, und so nimmt es nicht wunder, dass das hebräische Wort dafür *kefar* ist.

Was ein rechter *Kasper* ist, der kaspert gerne. Ob allerdings das, was ein rechter Kasper vorführt, immer die reine Wahrheit ist, sei dahingestellt, denn das hebräische Wort *kassow* heißt lügen, und das Vorgaukeln einer anderen Wirklichkeit als der realen ist des Kaspers Geschäft ...

Ketiva sagt man im sephardischen Hebräisch zu dem, was im aschkenasischen *kessivo* heißt, nämlich Geschriebenes, Urkunde, womit wir beim berühmten *Kassiber* wären, den Gefangene auf kleinste Zettel schreiben, um von Zelle zu Zelle oder von drinnen nach draußen eine Nachricht zu übermitteln.

Kess ist eine Person, die ein Stück Wissen mit Aggressivität und Chuzpe für sich oder eine ihr am Herzen liegende Angelegenheit einsetzt. Der Buchstabe *chet,* im Aschkenasischen *chess* oder auch *kess,* ist der erste des hebräischen Wortes für *weise, kundig*. Hier waren also tatsächlich Kundige am Werk, um ein Stück Weisheit in *kess* zu verwandeln.

Schon erörtert ist die Angelegenheit mit dem Moos, das bekanntlich nicht im Garten zu finden ist. So verhält es sich auch mit dem *Kies,* der sich nicht auf die Kieselsteine bezieht, die einen gepflegten Gartenweg zuweilen zieren oder die Gräber auf Friedhöfen bedecken. Wer Kies hat, der hat Geld, denn *Kiss* heißt auf Hebräisch die Tasche oder der Geldbeutel …

Jeder, der einmal in einem waschechten Kiez war, weiß, was eine richtige *Klafte* ist. *Kelef* heißt auf Hebräisch Hund, also ist eine *Klafte* eine Frau, die einen Mitmenschen wie ein bissiger Wachhund ankläfft.

Wer hinter schwedischen Gardinen saß, hat vielleicht keinen *Knacks* weg, war aber jedenfalls im *Knast. Knass* heißt auf Hebräisch Strafe und ist der Ursprung beider Worte. Wer also einen Knacks weghat, der ist bestraft worden, hat Schaden genommen.

Eine Sache, die nicht ganz *koscher* ist, ist eben nicht ganz sauber oder rein. Koschere Speisen, der eigentliche Ursprung des Wortes, sind nach den Gesetzen von Thora und Talmud zubereitet: Dass der Verzehr von Schweinefleisch gläubigen Juden untersagt ist, dürfte allgemein bekannt sein. Weit weniger bekannt ist, dass koscher zubereitetes Fleisch aber nicht nur irgendwelches Kalb- oder Rindfleisch ist, sondern unter strengsten Auflagen, die eine gewissenhafte Gesundheitsprüfung des Tieres einschließen, produziertes und zubereitetes Fleisch. Alle Regeln koscherer Speisezubereitung können hier nicht dargelegt werden, weil dies den Rahmen der kleinen Sprachkunde sprengen würde. *Koscher* wird aber längst auch in einer übertragenen Bedeutung verwendet: Etwas, das nicht ganz koscher ist, folgt gewöhnlich nicht allen in einem Regelwerk festgelegten Regeln oder Gesetzen. Wer aber meint, Koscheres sei (pardon, lieber Leser) zum *Kotzen,* der liegt gänzlich daneben. *Kuz* heißt auf Hebräisch sich ekeln – es ist allein die mehr oder minder alphabetische Reihenfolge dieser Sprachexkursion, die die beiden Worte zusammengeführt hat.

»Hau den *Lukas*«, heißt es auf dem Rummel. Dies hat nichts mit dem gleichnamigen Evangelium des Neuen Testaments zu tun, sondern stammt von den *luchoss*, den Tafeln, die eben jener geschlagene Puck oben am Ende des Vergnügungsgerätes treffen soll. Dass derjenige, der sich auf ein solches Vergnügen einlässt, eine *Macke* hat, sollte man darum nicht meinen. Ebenso wenig sollte derjenige, der die Tafeln oben nicht trifft, deshalb *meckern.* Keine Rede von dem missglückten Schlag, sondern von dem Hau, den einer mit einer Macke weghat: Dies ist wörtlich zu verstehen, denn *Maka* heißt auf Hebräisch der Schlag. So ist also das Meckern nichts anderes als das Schlagen mit Worten. Perfekt ist darin nur eine richtige *Klafte,* aber die wurde schon weiter oben erklärt.

Uneheliche Kinder gehören heute zum guten Ton. Für die Päpste war die Legitimation unehelicher Kinder, zuweilen auch Papstkinder, jahrhundertelang eine nicht unerhebliche Einnahmequelle. Trotzdem gilt der *Mamser*, der mit dem hebräischen Wort für uneheliche Kinder Bezeichnete, als Ausgeburt einer unerlaubten Beziehung, handelt es sich doch nicht um das uneheliche Kind eines Mannes, sondern um das von einem Nichtangetrauten gezeugte Kind einer verheirateten Frau. Ein Mamser ist das Synonym für einen gemeinen, sich allen gesellschaftlichen Konventionen entziehenden Menschen: die Ausgeburt des Bösen. – Ein Urberliner Schimpfwort.

Gemauschelt hat schon jeder einmal: *Mauscheln* kann man im Kartenspiel, aber auch im Geschäftsleben. *Mauschelei* ist, wenn man mit jemandem unlautere Absprachen trifft oder heimlich etwas ausmacht, wonach sich dann letztendlich alle anderen richten müssen. *Moschal* heißt auf Hebräisch das Beispiel, also wäre mauscheln ein (ggf. schlechtes) Beispiel setzen.

Unvergesslich ist für mich die Geschichte von einem Schüler, der nach Hause kommt und seinen Vater fragt: Papa, was ist ein Rotkehlchen? Der Vater antwortet leicht entnervt: Ein *meschuggener* Fisch! Ein meschuggener Fisch? Aber der Lehrer hat doch gesagt, es springt von Ast zu Ast! – Kannst du sehen, wie meschugge es ist.

Ein *Miesepeter* ist ein professioneller Miesmacher. *Miese* kann man auch auf dem Bankkonto haben, dann hat der Kontoinhaber Schulden, was im Neuhochdeutschen wohl eher als Kredit zu definieren ist. Im überkommenen deutschen Sprachgebrauch hat der Ausdruck einen eher negativen Beigeschmack, der sich exakt im Berliner Wort *mies* spiegelt. Mies stammt vom hebräischen Wort *miuss*, das mit Ekel wohl am besten zu übersetzen ist. Mit anderen Worten: Der eben zitierte Peter ist ein Ekelpaket, der professionelle Ekelerreger, ein Brechmittel, und die Schulden auf der Bank oder beim Kartenspiel in der Hand sind dazu angetan, die Magenwände erbeben zu lassen – also einen Brechreiz auszulösen.

Die Berliner Polizei ist berühmt für ihre Fahrzeuge, die zu keiner Zeit Peterwagen genannt wurden. Die gebräuchlichste Bezeichnung für einen Mannschaftswagen der Berliner Polizei ist Wanne, wiewohl beim Anblick der martialisch darin auf ihren Einsatz wartenden Polizisten Sauna angebrachter erschiene. Dass die auf Motorrädern daherkommenden Polizisten »weiße Mäuse« genannt werden, hängt mit ihrem äußeren Erscheinungsbild zusammen; dass die »jrüne Minna« aber etwas mit den jungen Mädchen aus der Provinz zu tun hätte, die in vielen großbürgerlichen Haushalten die Hausarbeit erledigten und eben Minna hießen, macht keinen Sinn. Eine Beziehung ließe sich viel eher zu dem hebräischen Wort *meanne* herstellen, das mit »bedrängend« gut übersetzt wäre, denn die »jrüne Minna« war tatsächlich jenes vergitterte grüne Polizeifahrzeug, in dem Verhaftete zur Vernehmung und ins Gefängnis geschafft wurden. Und wie bedrängend es dort drin gewesen sein muss, davon kann man sich schon von außen einen Eindruck verschaffen.

Berliner sind offene Menschen, schaffen schnell Kontakt zu ihren Mitmenschen – ja sind schnell im Aufnehmen von Zugereisten in die Familie. So mag es dazu gekommen sein, dass das hebräische Wort für Familie, *Mischpacha*, für einen lockeren Personenverbund Anwendung findet, der umgangssprachlich leicht abfällig als *Mischpoke* eingestuft wird. Eine schöne Familie, diese Mischpoke!

»Mundus vult decipi, ergo decipiatur.« – »Die Welt will betrogen werden, also betrügen wir sie.« Dieses Sprichwort hat bei der historischen Aufarbeitung unserer Zeit durchaus die Chance, zum Lei(d)tthema zu werden, denn ohne *mogeln* läuft so gut wie nichts. *Ma'ol* heißt auf Hebräisch betrügen, und so ist die berühmte Mogelpackung nichts anderes als ein Betrug des Verbrauchers.

Mumpitz erzählen viele, ohne zu wissen, dass sie Unsinn von sich geben, denn *mum* heißt auf Hebräisch Fehler.

Manch einer mag es, etwas für *nass* zu bekommen, auf gut Deutsch, ohne Geld dafür zu bezahlen: typisches Merkmal eines *Nassauers.* Dass ein solcher mit der gleichnamigen Stadt nichts zu tun hat, ist so wahr, wie ein Hamburger von McDonald's nichts mit der Elbestadt zu tun hat. *Nass, Nassauer* stammen vom hebräischen *nasson*, das geben heißt. Etwas für nass bekommen bedeutet also, etwas von einem Geber zu ergattern. Ein Nassauer ist ein Geizkragen, der planmäßig Dinge aus einem Geber herauszuholen beabsichtigt oder ständig andere für sich bezahlen lässt. Gelingt ihm das nicht, dann hat er *nebbich* Pech gehabt. *Nebbich* ist ein jiddisches Wort, das nicht wirklich übersetzbar ist. Ein Nebbich ist ein bemitleidenswerter Mensch – und »nebbich« kann man zu allem sagen, das eben nicht Neid, sondern Nachsicht erfordert.

»Der sitzt da wie ein *Öljötze*« – so pflegt eine Berliner Kodderschnauze einen schweigsamen Menschen zu bezeichnen, der einer Konversation aus dem Wege geht. Ableitbar soll dies vom Wort *eiljon* sein, einer hebräischen Bezeichnung für Gott, von dem bekanntlich auch keine Antworten zu erwarten sind.

Hat einer keine *Parnoße,* dann hat er weder Moos noch Kies. Eine gute Parnoße hingegen sichert ein sorgenfreies Leben. Die Rede ist hier vom Einkommen. Das nahezu gleich lautende hebräische Wort hat genau diese Bedeutung.

Pech hat jeder schon einmal gehabt, auch wenn Pech und Schwefel nicht im Spiel waren. Und jenes *Schlamassel,* das einen meist ganz unerwartet trifft, hat mit jener schwarzen Isoliermasse nichts zu tun. Es stammt womöglich vom hebräischen Wort *pachot,* das am besten mit schadhaft übersetzt werden kann.

Kaum einer, der die Schulbank drückte, hatte nicht hin und wieder einen Rochus auf die *Penne.* Oft wird Letztere über das lateinische Wort *penna*

(= die Schreibfeder) erklärt. Damit hat man aber die anderen Bedeutungen des Wortes, nämlich »in der Penne liegen«, also »im Bett schlafen«, und die »liederliche Penne«, die ihre Wohnung verkommen lässt, genauso wenig im Griff wie den Penner, der in einem Hauseingang oder sonst wo herumlungert, oder eine beliebige Person, die alle fünfe gerade sein lässt, um sich eine Mütze Schlaf zu holen. Aufklären ließe sich die Wortetymologie vielleicht mit dem hebräischen Wort *Pina,* d.h. *Winkel, Ecke.* Damit könnte sowohl die Schule erklärt werden, die im Winkel des Schulmeisters eingerichtet ist, als auch der Penner, der in Winkeln und Ecken liegt, als auch die Wortbedeutung des Schlafens, das ebenfalls in einer Ecke geschehen könnte.

Wenn ein feiner *Pinkel* zur Tür eines Lokals hereinkommt, so hat dies mit dem umgangssprachlichen Ausdruck für das Urinieren herzlich wenig zu tun. Bei nicht wenigen Kartenspielen liegt in der Mitte die *Pinke.* Das kann entweder der Einsatz für das betreffende Spiel sein als auch Geld an sich. *Pinkas* ist auf Hebräisch das Konto und ein feiner Pinkel auf gut Deutsch eine wohlbetuchte Person.

Es fällt nicht schwer, sich vorzustellen, dass jemand, der *gepiesackt* wird, am Ende lahmt. *Pisseach* ist das hebräische Wort für *lahmen.* Mit den Begriffen moderner Betriebspsychologie würde man denselben Vorgang wohl damit umschreiben, dass jemand, der gemobbt wird, die Arbeitsmotivation verliert.

Heutzutage können wir leider oft beobachten, dass der *Pleitegeier* über einem Unternehmen kreist. Wer dem Biologieunterricht aufmerksam gefolgt ist, weiß zwar, dass Geier Beutetiere sind, denen es nicht fremd ist, Aas zu sich zu nehmen. Er kann sich aber keinen Reim darauf machen, was das Greiftier mit bankrotten Unternehmen im Sinn haben soll. Wir kommen der Sache näher, wenn wir die anderen von dieser Wortwurzel abgeleiteten Begriffe betrachten: Der *Pleitier* ist der Unternehmer, der ein Unternehmen zugrunde richtet, ja *Pleite* geht. Nichts anderes als *bankrott* heißt das hebräische Wort *pelita* auf Deutsch – der Pleitegeier ist also eine Wortschöpfung, die nicht in der Biologie, sondern in der Ökonomie zu Hause ist. Eine andere Wortbedeutung von *pelita* ist die *Flucht,* womit ein anderes Charakteristikum so manches Pleitiers gemeint sein könnte, denn manch einer sucht das Weite angesichts des Ausmaßes der von ihm zu verantwortenden Verbindlichkeiten. Wenn man nach einer solchen Flucht des Pleitiers feststellen muss, dass die Konkursmasse nicht mehr ausreichend ist, kann man auf die Frage, was man aus ebendieser Masse erhalten hat, antworten: Pustekuchen.

Alle Halbjahr wieder wird *Ramsch* in *rauen* Mengen verkauft: Sommer- bzw. Winterschlussverkauf werden diese Verkaufsveranstaltungen genannt. Ramsch lässt sich ohne Zweifel von *ramo,* dem hebräischen betrügen ableiten. Was aber hat es mit den rauen Mengen auf sich? Dass man per aspera ad astra, also durch Raues zu den Gestirnen gelangt, ist ein Sprichwort, was aber ist an Mengen rau? *Raw* heißt auf Hebräisch *viel* – könnte nicht mit rauen Mengen rawe Mengen gemeint sein, also viele oder große Mengen? Sei dem, wie es sei, verkauft man raue Mengen Ramsch, kann man großen *Reibach* machen. *Rebbach* bedeutet auf Hebräisch der *Profit.*

Wer kennt nicht die *Sauregurkenzeit,* in der kein Geschäft läuft? Was aber hat jene Zeit mit den schmalen eingelegten Feldfrüchten zu tun, die aus der Tonne oder im Glas erhältlich sind? *Zorot jerakot* sind auf Hebräisch die Sorgen um die Teuerung – läge es nicht nah, jene Sauregurkenzeit als eine Zeit anzusehen, in der man nichts verkaufen kann, weil man sich nach dem Preisanstieg nur noch Sorgen machen kann, aber eben kein Geschäft? Mag diese Erklärung vielleicht auf wackligen Beinen stehen, die nächste ist glasklar: *Sachor* heißt handeln, und nichts anderes bedeutet *schachern.*

Erzählt jemand von einer *Schote,* dann hat das nichts mit jener Hülle zu tun, die etwa die Senf-, Paprika- oder Vanillefrucht umgibt. Man muss sich überhaupt nicht in den Bereich der Pflanzenkunde begeben, denn die Schote, von der jemand erzählt, ist eine ungewöhnliche Begebenheit: Sie hat den gleichen Ursprung wie der *Schaute,* der vom hebräischen Worte *Schote* abgeleitet ist, das sich wohl am besten mit *Narr* übersetzen lässt. Eine Schote ist also eine merkwürdige oder närrische Begebenheit.

Was eine *Schickse* ist, meinen Schwiegereltern oft zu wissen, wenn sie die Auserwählte ihres lieben Sohnes sehen. Es ist eine verächtliche Bezeichnung für eine junge Frau. Dabei bedeutet das hebräische Wort, von dem es abgeleitet ist, Gaul und enthält eigentlich keinerlei Hinweis auf eine abfällige Sinngebung.

Schon erörtert haben wir, was es bedeutet, wenn jemand blau ist – ein ganz anderes Wort für etwa den gleichen Aggregatzustand ist *schicker.* Ja, Hand aufs Herz: Wer ist nicht schon einmal etwas *beschickert* gewesen? *Schikor* ist der hebräische Terminus für ebenjenen Zustand. Aber zugegebenermaßen hört es sich viel freundlicher an, wenn man feststellt, dass jemand schicker sei, als wenn man denselben Zustand mit den Worten, er sei blau, wiedergibt.

Heutzutage wird geflirtet. Ein Sprichwort sagt, was sich liebt, das neckt sich, und diese ganze Affäre zusammengenommen könnte man auch als *schäkern* bezeichnen. *Cheik* heißt auf Hebräisch der *Schoß:* Das heißt aber nicht, dass man jeden, mit dem man eben schäkert, auf seinen Schoß zu setzen hat, wiewohl dies der eine oder andere vielleicht gern hätte oder täte.

Wer hat nicht schon vor den Trümmern einer Angelegenheit gestanden, die gut gemeint war, aber schlecht ausgegangen ist? Nicht nur, dass gut Gemeintes meist das Gegenteil von gut ist, man könnte es auch als *Schlamassel* bezeichnen. Hier bieten sich nun zwei mögliche Ableitungen an; zum einen könnte es von dem oben erwähnten Masel kommen, in dem Sinn, dass es sich um ein schlechtes Masel handelt. Die andere Ableitung setzt zum hebräischen *Masel* die Negation *sch'lo* hinzu, was dann soviel hieße, dass es sich bei einem Schlamassel um eine Person handelt, die eben kein Masel, kein Glück hat. Sei dem, wie es sei, ein Schlamassel ist und bleibt ein mittleres Desaster.

»Peter Schlemihls wundersame Geschichte« von Adelbert von Chamisso ist ein Klassiker deutscher Literatur. Das 1814 entstandene Werk erzählt die Geschichte einer Person, des besagten *Schlemihl,* der dem Bösen seinen Schatten verkauft. Folglich wenden sich die Mitmenschen von ihm ab. Doch Schlemihl findet das vom Satan versprochene Glück nicht im materiellen Wohlstand, sondern in der Natur, in die er vor den Menschen flieht. Die Literaturhistoriker meinen, dass es sich zweifellos um ein Selbstporträt des Dichters handele. Dass hiermit ein jiddisches Wort in die Weltliteratur gelangte, ist mehr als eine Fußnote. Es zeigt sich daran, dass die Schriftsteller bereit waren, sprachliches Neuland zu betreten. Der Brockhaus leitet *Schlemihl* vom hebräischen *She-lunu-el,* ein Taugenichts, Pechvogel und unbeholfener Mensch, ab. Eine andere mögliche Ableitung ist die vom Namen *Schlumiel.* Dieser war der Sohn des

Phädon

oder

Ueber die Unsterblichkeit der Seele.

In drei Gesprächen.

Jerusalem

oder

Ueber religiöse Macht und Judenthum.

Von

Moses Mendelssohn.

Mit Einleitung und Anmerkungen

herausgegeben

von

Arnold Bodek.

Leipzig:

F. A. Brockhaus.

1869.

Titelblatt von: Moses Mendelssohn, Phädon oder Ueber die Unsterblichkeit der Seele. Jerusalem oder Ueber religiöse Macht und Judenthum, Leipzig 1869.

Führers des Stammes Simeon.[46] Während die Heerführer der anderen Stämme in den dort beschriebenen Scharmützeln auch Siege davontrugen, verlor Schlumiel alias Schlemihl ständig. Was aber ist nun ein Schlemihl in der umgangssprachlichen Bedeutung? Zum Beispiel jemand, der ein Bad nimmt und vergisst, sich das Gesicht zu waschen.

Wenn eine Sache wie *geschmiert* läuft, dann hat das tatsächlich etwas damit zu tun, dass jemand eine Schmierflüssigkeit ins Getriebe gegeben hat. Das Gleiche lässt sich von den Schmiergeldern sagen, die gezahlt werden, um durch Bestechung eine nicht ganz koschere Angelegenheit in Gang zu bringen. In den letzten Jahrzehnten, in denen es per Order der alliierten Befreier kein Preußen gab, ging leider die preußische Tugend der Unbestechlichkeit unserer Staatsdiener verloren; insofern wäre eine preußische Renaissance keine schlechte Sache. Aber diese Schmiere hat rein gar nichts mit der *Schmiere* zu tun, die im Spiel ist, wenn einer Schmiere steht. Hier geht es nicht darum, eine Sache zu schmieren, sondern sie davor zu bewahren, dass sie durch einen Polizisten oder sonst einen ungebetenen Zeugen gestört wird. Diese Schmiere kommt vom jiddischen *schomre*, das identisch mit dem hebräischen *schomer* ist: der Hüter und Wächter – mit anderen Worten, jemand der Schmiere steht, hält Wache.

Wenn jemand *Schmus* erzählt, dann kommt er nicht zur Sache, sondern geht seinem Gegenüber um den Bart, ja es ist das Gegenteil von *Tacheles:* mit anderen Worten, viel heiße Luft. Schmus kommt vom hebräischen *schamuess,* was soviel wie Gehörtes heißt. Es ist vom Schmu zu unterscheiden. Wenn eine Ehefrau Schmu macht, dann legt sie Geld zurück, etwa um hinter dem Rücken der Familienkasse ein Weihnachts- oder Geburtstagsgeschenk anzusparen; macht hingegen der Teilhaber an einem Geschäft etwas Schmu, so betrügt er seinen Kompagnon.

Verhält sich jemand *schofel, so* ist damit nichts anderes als schäbig gemeint. Damit ist auch schon die Wortbedeutung des hebräischen Wortes *schafel* beschrieben. Etwas ganz anderes ist es, wenn jemand *Schtuss* erzählt: Dann handelt es sich um Unsinn, um eine Torheit oder dumme Reden. Das ist auch der unmittelbare Wortsinn des hebräischen Wortes. Eine besondere Schote hat sich die Duden-Redaktion geleistet: Unter *Stuss* findet man dieses Wort in der amtlichen deutschen Rechtschreibung. Das im Hebräischen tatsächlich mit Sch-t geschriebene Wort wurde auf die scheinbar richtige deutsche Schreibart notiert, denn haben wir nicht in der Schule gelernt, dass die »Schtraße« als »Straße« zu Papier zu bringen ist?!

In Zeiten, als es noch richtige Winter gab, konnte man Kinder beobachten, die ihre Spielkameraden mit Schnee *einseiften.* Hier könnte man noch der Meinung sein, es handele sich um eine Bildübertragung, die mit dem Einseifen in der Badewanne in Korrespondenz steht. Sagt man aber von jemandem, der eine Verhandlung geführt hat, er habe sich einseifen lassen, ist gemeint, dass er sich hat über den Tisch ziehen lassen bzw. betrogen wurde. Um diese Situation wiederzugeben, wäre das Bild von der Badewanne und der Seife allenfalls als Euphemismus zu verstehen. Vielleicht ist mit dem Ausdruck aber gemeint, dass jemand im Sinn des hebräischen Wortes *sewel,* das *Dreck, Kot* heißt, sich hat besch … lassen. Jemand, der eingeseift wurde, ist also jemand, der beschmutzt wurde. Dann hätte auch die Redewendung *jmd. mit Schnee einseifen* einen anderen Sinn und würde »jemanden beschmutzen, verärgern« besagen. Dies erscheint plausibel, denn in aller Regel wird diese Behandlung von demjenigen, der ihr unterzogen wird, nicht als eine angenehme Körperreinigung verstanden, und sie ist auch nicht so gemeint. Ganz ähnlich verhält es sich wohl, wenn jemand *versimst* wird. Hier wird dann der Hosenboden strammgezogen, d. h., jemand bezieht Prügel. Das Resultat des Versimsens ist, dass die betreffende Person zumindest durch Rötungen, Schwellungen etc. gezeichnet ist. *Siman* ist das hebräische Wort für ein gesetztes Zeichen. Das Versimsen kommt also aus dem Hebräischen und hat mit dem Sims an einem Gebäude nichts zu tun, denn das Wort Sims, das eine vorspringende Gebäudekante bezeichnet, stammt vom lateinischen *sima*, der *Rinnleiste.*

Und wenn einem der Kopf von diesen Spitzfindigkeiten summt, sagt sicher ein mitfühlender Freund: »Mach dir keinen Sums.« Das heißt »mach dir keine Gedanken« und stammt von den *mesimes*, Hebräisch für *Gedanken.*

Wie oft der geplagte Verleger dem säumigen Autor Briefe schrieb, um mit ihm *Tacheles* über den immer wieder hinausgezögerten Termin für die Fertigstellung dieses Büchleins zu reden, hätte eigentlich einen großen Zoff zur Folge haben müssen. Tacheles reden ist nicht jedermanns Sache, aber unbedingt notwendig, denn zweckmäßiges Handeln ist der Kern aller menschlichen Bemühungen. *Tachliss* heißt auf Hebräisch *Zweck, Ziel.* Im Duden ist »Tacheles reden« als »jmdm. seine Meinung sagen« verzeichnet, womit eine Variante des zweckmäßigen Handelns beschrieben wäre.

Tinnef bietet fast jedes Kaufhaus an, und jeder hat ihn oder es schon einmal geschenkt bekommen, ja vielleicht im Kaufrausch auch schon selbst einmal angeschafft. *Tinuf* heißt auf Hebräisch *Dreck, schlechte Qualität*, und wer beim Anblick von Tinnef etwas anderes behauptet, der hat nur seinen Umsatz im Sinn.

»Es falle [= tipol] über sie Angst und Schrecken«,[47] wird im täglichen Morgengebet mit Bezug auf die Kanaaniter und andere Feinde Israels rezitiert. Dieses *tipol* kann auch im übertragenen Sinn als abstürzen verstanden werden. Dass damit das *Tippeln* gewisser gefallener Mädchen gemeint sein könnte wie auch das planlose Umherziehen gewisser *Tippelbrüder*, werden diejenigen bestreiten, die meinen, die Herkunft des Wortes *tippeln* lasse sich auf ein anderes hebräisches Wort zurückführen: nämlich auf *tafof*, was soviel wie schnell bewegen heißt.

Wer auf dem *Tokus* oder *Tochus* sitzt, der hat sich auf seinen vier Buchstaben niedergelassen, denn *Tochos* ist das hebräische Wort für das Gesäß. Allerdings handelt es sich nach der hebräischen Formenlehre, in der Vokale nicht zum Wortstamm gehören, um ein Wort mit drei Buchstaben. Jemand, der einen breiten Tochus hat, ist einer, der entweder wirklich einen breiten Tochus hat, oder einer, der träge ist und Probleme nicht aktiv löst, bzw. einer, der beide Eigenschaften in sich vereinigt. Neuerdings ist für ebendiesen Sachverhalt das deutsche Wort *Aussitzen* in Mode gekommen.

Was eine Kohle ist, weiß jeder, der schon einmal ein Brikett in den Ofen geworfen oder Kastanien aus dem Feuer geholt hat. Dass jemand, der *verkohlt* wurde, nicht in den Schatten eines ehemaligen Bundeskanzlers geraten ist und auch nicht von der Hitze eines Herdes versengt wurde, ist ebenfalls bekannt. Wenn man nun noch weiß, dass *Kol* das hebräische Wort für *Stimme* ist, wird klar, dass verkohlen tatsächlich ein Wortstreich ist.

Was immer man im Leben vorbereitet, man benötigt das oben bereits abgeleitete kleine Quäntchen

Masel, Glück, um ans Ziel zu kommen. Stellt sich dieses trotz bester Vorbereitung nicht ein, dann mag das daran liegen, dass durch eine unbedachte Handbewegung, Antwort oder was auch immer alles vermasselt, d.h. zunichte gemacht wurde. Möglicherweise meint dann ein notorischer Besserwisser: »Du hast ja einen *Vogel.*« Dass ein Esel störrisch und ein Kamel dumm ist, ein Affe als Urahn des Homo sapiens als geistloser Verwandter gilt, ist klar. Was aber hat der kleine Piepmatz im Käfig mit des Deutschen liebstem Autofahrergruß gemein? Vielleicht stimmt tatsächlich die Ableitung vom hebräischen *We'ukal,* das soviel wie *verdreht* heißt. Dann wäre das »Du hast einen Vogel« soviel wie »Du bist verdreht« ...

»Mach keinen Zimt!«, heißt soviel wie: »Mach kein Theater!« Wieso aber ist die Ingredienz im Spiel, wenn man im Begriff ist, etwas Auffälliges zu tun? Wie wir weiter oben unter »versimst« bereits sahen, heißt das Wort *Siman,* das mit einem scharfen S am Anfang geschrieben wird, auf Hebräisch *Zeichen.* Die korrekte Übersetzung wäre also: »Setze kein Zeichen«. Um ganz andere Zeichen geht es, wenn man *zockt*: Dann geht es um Roulette, Kartenspiele oder andere Glücksspiele. *Sachok* heißt das Spiel und *lizchok* spielen. Wie immer sich das *Zocken* ableitet, gerade in diesen Tagen gibt es Zeitgenossen, die mächtig abzocken, was im Sinne von *absahnen* zu verstehen ist.

Wer hätte nicht schon erlebt, dass es *Zoff* gibt,

auch wenn man sich eigentlich keine *Zores* machen sollte? *Ssof* ist das hebräische Wort für *Ende, Schluss.* Zoff bedeutet also, dass jemand eine Sache zu Ende bringt, meist ist das allerdings mit »dicker Luft« verbunden. *Zores* stammen vom hebräischen Wort für Sorgen, die man sich aus Kummer macht. Dem Wort sind wir übrigens schon in der *Sauregurkenzeit* begegnet.

Als Zehlendorf seinen Beitrag für die 750-Jahrfeier Berlins im Jahr 1987 vorbereitete, verkündete der als Bezirkskoordinator bestellte Volksbildungsstadtrat, dass er einen Umzug in historischen Kostümen vom Museumsdorf Düppel zum Dorfanger in Zehlendorf-Mitte veranstalten wolle. Er selbst wollte diesen hoch oben auf einem *Zossen* sitzend anführen. So ist es auch geschehen. Der Zossen aber ist nichts anderes als eine Ableitung des hebräischen Wortes *Ssus*, zu Deutsch *Pferd.*

Anmerkungen

1 Harndt, Ewald: *Französisch im Berliner Jargon,* Neuausgabe, Berlin 2005.

2 Simon, Bettina: *Jiddische Sprachgeschichte. Versuch einer neuen Grundlegung,* Frankfurt am Main 1988, S. 27ff. »Yiddisch stellt einen Terminus dar, der sich ausschließlich auf Sprachliches bezieht, und zwar nicht allgemein auf Sprache von Juden, sondern allein auf dasjenige Idiom, das die osteuropäischen Juden benutzten, während Jewish, ebenso wie das deutsche jüdisch, alles bezeichnet, was auf Juden und Judentum Bezug hat ... Man kann von ›Jewish languages‹ sprechen, und ›Jiddisch‹ ist eine von diesen.«

3 Simon, a. a. O., S. 24f.

4 Eine vergleichbare Christologie ist übrigens die Bezeichnung mohammedanisch für Muslime. Auch hier wird der Prophet Mohammed als Religionsstifter Jesus Christus gleichgesetzt.

5 Harndt, a. a. O., S. 8

6 *Aus dem politischen Testament des Kurfürsten Friedrich Wilhelm zu Brandenburg:* Vgl. Künzzel, Georg / Hass, Martin (Hg.): *Die politischen Testamente der Hohenzollern,* Leipzig / Berlin 1918, Bd. 1, S. 63.

7 Scheiger, Brigitte: *Juden in Berlin* in: *Von Zuwanderern zu Einheimischen. Hugenotten, Juden, Böhmen, Polen in Berlin.* Hg.: Jersch-Wenzel, Stefi, Berlin 1990, S. 153–488. Ausführliches Literaturverzeichnis.

8 *Protokoll der jüdischen Gemeinde Berlin.* (1723–1854)

[Pinkas Kehillat Berlin] Hg.: Meisel, Josef. Jerusalem 1962.

9 Simon, a. a. O., S. 13.

10 zitiert nach: Simon, a a. O., S. 58.

11 Rosten, Leo: *The Joys of Yinglish,* New York 1990, S. 559. Der Wortschatz des Yinglish setzt sich folgendermaßen zusammen:
Deutsch 72 %
Hebräisch 16 %
Slawische Sprachen 12 %
Romanische Sprachen 5,6 %
Englisch 3,55 %

12 Simon, a. a. O., S. 14. Es gibt auch eine Bibelübersetzung in Ladino aus Ferrara (1553), die in lateinischen Lettern gedruckt ist. Diese etwa 60 Jahre nach der Vertreibung der Juden aus Spanien hergestellte Bibel ist ein Beleg dafür, dass zumindest ein Teil der zwangsweise christianisierten Juden Spaniens, die so genannten Marranen, zwar weiterhin jüdische Religionsbräuche praktizierten und Ladino als Sprache nutzten, jedoch offenbar nicht mehr der hebräischen Schrift kundig waren.

13 *Sprachen der Juden* in: *Jüdisches Lexikon,* Bd. V, Berlin 1930, Sp. 568–579; *Jewish Languages*, in: EJ S. 66 ff. Folgende Sprachen werden in Einzelartikeln behandelt: Judeo-Alsatian (Judeo-Elsässisch); Judeo-Arabic; Judeo-Berber; Judeo-Catalan; Judeo-Corfiote; Judeo-French; Judeo-Greek; Judeo-Iranian; Judeo-Italian; Judeo-Persian; Judeo-Portuguese; Judeo-Provencal; Judeo-Romance; Judeo Tajiki; Judeo Tat; Judeo-Tatar; Ladino (= Judeo-Spanish); Yiddisch (Judeo-German).

14 Weinberg, Werner: Die Bezeichnung Jüdischdeutsch. Eine Neubewertung. In: Zeitschrift für deutsche

Philologie, Bd. 100, Sonderheft Jiddisch, S. 253–290. Zum Westjiddisch: Timm, Erika: Graphische und phonetische Struktur des Westjiddischen unter besonderer Berücksichtigung der Zeit um 1600, Tübingen 1987

15 Riff, Michael: *Das osteuropäische Judentum in der Geschichte der Juden. Von der biblischen Zeit bis zur Gegenwart.* Hg. Bautz, Frans J., München 1989 = Beck'sche Reihe, Bd. 268, S. 116: »Jiddisch hat sich in der osteuropäischen Isolierung nach der Zeit der Bibelübersetzung durch Luther vom Deutschen differenziert. Zögernd hat die Sprache je nach Umgebung polnische oder ukrainische […] Ausdrucksweisen absorbiert.«

16 Beranek (Franz Joseph) zitiert nach Landmann, Salcia: *Jiddisch. Das Abenteuer einer Sprache,* Olten, Freiburg/Br. 1962, S. 60f.

17 Vgl. *Encyklopaedia Judaica,* Bd. 1, Berlin 1928, Sp. 372ff.

18 Vgl. *Encyklopaedia Judaica,* Bd. 7, Berlin 1931, Sp. 876ff.: Anfangs- und Schlußwort in den Psalmen: 106, 113, 135, 146–150; Anfangswort in den Psalmen 111, 112; Schlußwort in den Psalmen 104, 105, 115–117.

19 Vgl. Offenbarung des Johannes 22,20 oder 2. Korinther 1,20.

20 Vgl. Jeremias 28,6: »Es sprach Jeremijahu, der Prophet: Amen! Also tut der Ewige! Bestätigen wolle der Ewige deine Worte, die du geweissagt, dass er zurückbringe die Geräte …«; vgl. auch: I Könige 1, 36; Jesaja 65,16: elohe amen = der Gott Amen, also der wahrhaftige Gott. Vgl. auch: Encyklopaedia Judaica, Bd. 2, Berlin 1928, Sp. 575ff.

21 Buch Daniel 5,25.

22 Vgl. den Artikel »Mene, mene, tekel, Upharssin« in: *Jüdisches Lexikon,* Bd. IV, Sp. 109 f.

23 Heine, Heinrich: *Belsazar*; allgemein zum Begriff Jehowa in der Umgangssprache auch: Rosten, a. a. O., S. 269 f.

24 Die traditionellen jüdischen Kommentatoren gehen zudem davon aus, es handele sich bei dieser Transkription der hebräischen Buchstaben J H W H als Jehowa um eine lateinische Fehlübersetzung aus dem Jahr 1516; vgl. *Jüdisches Lexikon,* Bd. II, Berlin 1928, Sp. 1235: Artikel: *Gottesnamen.*

25 Artikel Gebetsgesang in: Menora und Katalog.

26 Vgl. Jesaja 45,1. Cyros erscheint hier als Gottes Sendbote, der die Juden erretten soll.

27 Vgl. Jesaja 9,1–6; 11,1–10; 32,1–5.

28 Vgl. Rosten, Leo a. a. O., S. 351; *Jüdisches Lexikon* Bd. IV, Sp. 134 ff.

29 Biale, David: *Kommt der Erlöser Kommt die Erlösung. Zum Verhältnis von Messianismus und Orthodoxie* in: *Jüdische Lebenswelten.* Essays. Hg.: Nachama, Andreas; Schoeps, Julius H.; van Voolen, Edward, Frankfurt 1992, S. 50 ff.

30 Vgl. Secharja 3,1.2 und Hiob 1,7.

31 Vgl. Artikel Legendenliteratur in: *Jüdisches Lexikon.*

32 *Babylonischer Talmud*, Baba Batra 16 a.

33 Vgl. 3 Moses 25,13; vgl. *Jüdisches Lexikon,* Bd. III, Sp. 285 f.: Artikel *Jobeljahr.*

34 Brocke, Michael: Die mittelalterlichen jüdischen Grabmale in Spandau 1244–1474 in: Ausgrabungen in Berlin. Forschungen und Funde zur Ur- und Frühgeschichte 9/1994, S. 10; Etzold, Alfred. Jüdische Grabstätten und Friedhöfe in Berlin in: Jüdische Grabstätten und Friedhöfe in Berlin. Eine

Dokumentation. Hg.: Nachama, Andreas / Simon, Hermann. Berlin 1992 = Stätten der Geschichte Berlins Bd. 67, S. 18.

35 1 Moses, 1,21.

36 1 Moses 1,1–2.

37 Vgl. *Jüdisches Lexikon* Bd. l, Sp. 87, Artikel *Adamsapfel.*

38 Vgl. 2 Moses 16,15.16.

39 Vgl. 3 Moses 18,21.

40 Vgl. II Könige 16,3; 5 Moses 12,31.

41 Kluge EWB gibt hingegen an, es stamme vom arabischen sifr = leer, Zeichen der Null.

42 Vgl. 1 Moses 15,5.

43 Büchmann, Georg: *Geflügelte Worte. Der Citatenschatz des Deutschen Volkes,* 6. Auflage, Berlin 1871, S. 173f.; ausgelassen sind mit Ausnahme des Matthäus alle Bezüge zum Neuen Testament.

44 Stein, Hannes in: *Frankfurter Allgemeine Zeitung,* 8. September 1994 (Nr. 209), S. 36 in der Rezension von: Zangwill, Israel: *Der König der Schnorrer.* Stuttgart 1994.

45 *Frankfurter Allgemeine Zeitung,* 8. September 1994 (Nr. 209), S. 3.

46 4 Moses 2.

47 Vgl. 2 Moses 15,16.